AF392689

LA AUSENCIA

PAULA VÁZQUEZ SALINAS

LA AUSENCIA

EXLIBRIC

ANTEQUERA 2021

PAULA VÁZQUEZ SALINAS

LA AUSENCIA

ODA

Lo que se tiene sin tener,
lazos ficticios.
Me dejo engullir por la oscuridad,
me quema la luminosidad.
Camino entre las espinas indelebles más íntimas,
refrescándome con cada atisbo de honestidad,
retorciéndome en la contingencia de lo posible
y lo no probable,
intervalos encadenados de desmesurada cordura,
efímera y disipada esperanza
que nunca espera.

LA CONSTELACIÓN

Todo aquello que vimos,
toda esa luz,
¿dónde fue?
Aún se sienten los destellos
con el desvanecimiento de la existencia,
destellos que parecen ser
con su eterna presencia
nuestro horizonte fragmentado,
todo lo que se precipita en nuestras mentes
como albores cristalinos
efervescencia de un sueño lúcido remoto.

El tiempo

La relatividad de los instantes,
la eternidad de las miradas
que flotan ciegas y audaces,
la atemporalidad de nuestro tiempo.
Lo antagónico condensado
disimula taciturno esperando una reacción.

El tiempo

ULISES

Como recuerdos de otra vida,
palpitantes delirios.
Olvidé que eras parte del cielo,
que anochecías como la luna
y que eras destellos.
Olvidé todo, a tu lado.

Itinerante

Soy yo la que se va,
la que no encuentra su hogar,
eterna temporalidad.
La que vive sin refugio
al son del delirio más efímero.

DESPEDIDA

Quédate veinte años más.
Quédate conmigo el resto de tus seis vidas.
Vuelve a elegirme.
Sé que nadie se quedará tanto tiempo a mi lado.

La mujer glaciar

La mujer glaciar,
en vez de calor,
tuvo dos hijas.
No tuvo tiempo de abrazos.
Olvidó lo imprescindible.

LEY DE VIDA

Adentrarse en tus mareas,
conocer tus remolinos interiores,
añorar la superficie ajena al daño.
Tus profundidades son desconocidas,
lugares donde pocos caminan.

TRANSEÚNTES

Caen los días
aparentemente despiertos.
Acontece el ocaso de las personas
que mueren estando vivas.
Su cadencia se para.
Cesan su constante
en tus latidos.

MISERIA EMOCIONAL

El vacío resplandece
como una llama que no cesa,
como una necesidad incalmable
que obliga con su existencia.
Jugando con la circunstancia,
he ampliado mi sangre,
he adoptado padres y hermanos,
he adormecido a los instintos,
que son deseos incontinentes.

EMPARENTADA CON EL MIEDO

Soñé que te perdía
entre la hiedra, angosta,
de mi mente.
Convive el miedo a perderte,
que late tan fuerte
que no me oigo.
No sé si he olvidado respirar.
Si te tengo al lado,
qué difícil separar latidos.

SON MIS PALABRAS

Mis palabras,
que pueden sonar leves,
o con entonación pesada
y pensamiento ligero.

LA ESCASEZ

Incita esa búsqueda que no termina,
que siempre está intacta.
Ese deseo nunca saciado
de la existencia que retorna
y florece.

HOGAR

He conocido la esencia del calor intenso.
He encontrado a quien no quiere irse.
He abandonado la angustia y el rechazo
de quien nace sin calor
y sólo conoce el frío,
enredada en lo que no permite asimilación.
Todo lo heredado, sostenido y oxidado
que nos define y nos desvanece.

BUSCAMOS

Adictos a la búsqueda
de quien nunca encuentra,
con ese deseo perdido
de quien no florece,
asistimos al ocaso de algunas personas
que se sumergen en la memoria
de lo que algún día fue.

DEPRESIÓN

Permanece sin querer,
queriendo irse
y quedarse;
camina entre dos mundos
sin pertenencia.

Me mantengo,
yo vago
buscando las ganas,
vertiendo mis venas
en todas las posibles vidas
que no fueron.

QUIERO QUEDARME

Quiero quedarme en este momento
en el que me miras y desaparezco,
y todo son luces.
Ver cómo desintegras las horas
cuando estás cerca.

ELLA

Ella era perpetuidad.
Ella era eterna.
Ella eran las tilas aquellos días de Navidad
con nervios y fiebre,
los enfados por no estar bautizada,
las partidas al parchís,
los «debes tener picardía» y no solo «ser bonita»,
las conversaciones sobre el más allá,
los domingos de chocolate con churros
De veras,
aprendí así a quererte.

PRIMAVERA

Se juntaron
todas las primaveras,
me abordaron los entresijos.
Todos los enredos que llevo dentro
simultáneos,
al mismo son de tu parpadeo.

YO

Que germino con tu voz cada día
con las pequeñas sensaciones
que erizan la piel.
Soy yo,
cuando me embeleso
en el barullo de tu voz
de no saber lo que soy
cuando no distingo
si estás cerca.

TE LO DIRÉ

Cuando me miras y ves mi desnudez,
toda mi fragilidad,
mis ansiedades y suburbios,
pero aun así no dejas de mirarme,
y yo voy acicalando
este vértigo a sentirte cerca,
este miedo a no quedarme
a no ser parte de tu mirada.

CUANDO YA NO ESTÉ

Se perderá mi dolor.
Ya no me susurrará el vértigo a la vida.
Seré una impronta en la memoria de alguien,
un querer olvidado,
una amnesia,
un pasado.

Sé que no puedo quedarme.
con el aroma que me impregna,
con esta vida que no es mía
y se escapa en cada despertar.
Eres un suspiro contenido.
Lo que nadie te dijo,
porque no fue capaz.
Juguemos con los instantes.

Eres mi espina

Te clavas hondo,
como la adicción más innecesaria.
Lo que crece,
lo que inunda,
lo que enmudece
y me ciega.

No sé vivir

Si no es bebiéndome la vida a borbotones.
No entiendo de medias tintas.
Que siento a flor de piel,
que vivo con la piel erizada,
que soy amiga íntima de la duda.
No sé vivir de otra manera.

TE GUARDO

Donde sólo yo existo.
Custodio esa sonrisa
que sólo yo habito.

TE ENCUENTRO

Ahí estás, en la normalidad de los días.
Donde eres destello
tropiezo con tu sinuosidad.
Eres misterio,
me embeleso en la cotidianeidad de tus reflejos.

EL OLVIDO

El olvido es esa desmemoria,
esos sentimientos que no nos abandonan.
La oscuridad de las heridas
me hace olvidar tu nombre.
¿Existe el amor después de tanto dolor?

CERCANÍA

Cuando estás cerca y te alejas,
hay un instante en el que te alejas
y no quieres verme.
Como si por estar lejos
no estuvieras cerca,
como si no tintinearas dentro,
como si no lo supieras.

INEXISTENTE

Hay un lugar en el que somos desconocidos,
en el que nuestras luces no se tocan,
en el que aún no estamos cerca.
Existe un tiempo en el que te desconozco
y no te veo en lo que miro.

SACRIFICIOS INNECESARIOS

No puedo renunciar al silencio
de mis pensamientos,
a la tranquilidad de estar conmigo,
a esta calma,
por ahuyentar tus miedos.

Hay más amor

En la delicadeza de los pequeños gestos.
La dulzura que se esconde
en los detalles.
Echarte de menos, si no te veo.
En una mirada hay más amor
que en las palabras de sentimiento leve.

PERTENENCIA

Debí dejar de esconder poemas,
de odiar lo que me describe y me pertenece.

MIEDO

De necesitar más horas a tu lado.
De no servirme el tiempo.
De que esto se suceda y no suceda.
Del insomnio de tus ojos.
Se alarga el tiempo.
Se estiran los sentimientos.

Soy una persona altamente sensible

Deslizo los días
como pensamientos arremolinados.
Contengo el desmenuzado instante
que me lleva contigo.
Respiro cada instante
que me eriza la piel.

NOCHE

Embelesada y taciturna,
conviven subalternos sentimientos,
realidades paralelas
sentimientos que resplandecen
donde los pensamientos
son translúcidos y aterciopelados.

QUEMAZÓN

Algo hierve
ante un sentimiento deshidratado,
casi evaporado.
Lo que se disipa,
pero que aún es.

Y es que nada termina
cuando se acaba.

QUISIERA NO SER

Quisiera no ser nadie
y vivir entre paisajes solitarios,
carcomidas dudas,
elogios propios,
por mantenerme despierta.

Voluntad

Voluntad de vivir.
Oportunidad querida.
Tránsfugo ardiente el que se fue.
Valiente quien siente tu ausencia.

MI CONSTANTE

En las noches temblorosas,
en las mañanas trepidantes,
en todos los fragmentos de tiempo,
testigo de una infancia,
siempre estaba ella.

AUSENCIAS QUE LLENAN

Quizás la falta de nitidez,
la incertidumbre de las líneas
que se desdibujan;
de los colores y las sombras
que solo pueden olerse;
lo inacabado,
lo impreciso,
lo no enfocado.

Consecuencias de ser

pas

No imagino, no,
lo que no es sentir nada.
No imagino, no.
¿A quién le importa la vida
de ese gato callejero?
A nadie le duele
que dejes de respirar
La frialdad ante la dictadura
del «siempre ha sido así».
Y tú, ¿no sientes la vida,
sólo si es propia?

SÍNDROME DEL TRASPORTÍN VACÍO

No he conseguido explicarme
lo que siento al volver del veterinario sin ti.
Pero con tu aroma
y tu mirada siempre en mí,
no he conseguido explicarme
por qué me ahoga tanto
saber que no volveré a abrazarte.

CONDENADOS

A no sentir nada,
y que él pase sin más para mí.
A que se escondan las mariposas
si te veo.
Estamos todos condenados
por tener un sentimiento
que no sabemos dónde guardar
dónde esconder.
Estamos condenados
cuando no podemos digerir el sentimiento
que nos define sin quererlo.

PRESENTIMIENTO

Es como una corriente eléctrica
que siento cuando me inunda.

Una madre

Una madre consuela
del sinsentido de la vida,
de los vaivenes.
Una madre cree en ti
hasta cuando estás equivocada.
Te arropa del frío.
Una madre te mece con sus cuidados,
te abraza.
Pero ¿qué ocurre si no es así?

INFANCIA

¿Quién se hará cargo de esta ausencia
que como buena y profunda es eterna?
Me rodea y me define
esta ausencia de calor intenso.
Es necesario seguir hacia delante y olvidarlo,
como si solo fuera un mal recuerdo
y pudiera sustituir mi infancia por una menos rota.

SENTIMIENTOS REFLEJOS

Sentimientos reflejos
cuando escucho tu voz.
Sentimientos reflejos
cuando creo que estás feliz de verme.
Sentimientos reflejos
que no son reales.
Lo que deberías sentir
se evaporan.

IRREMEDIABLE

Taciturna mi naturaleza salvaje,
que se enciende con suave rapidez,
que habla y siente por mí,
y luego hace memoria.
Que no debe ver la luz su animal herido,
porque así es como debe ser.

Buscas a quien te quiera,
revelándote del pasado,
y olvidas su naturaleza efímera.

Me cuesta llorar,
porque me dijeron que era debilidad.
Y claro, nadie quiere ser débil.
Me dijeron que no manifestara mis emociones,
porque eso me hacía vulnerable.
Ahora que estoy lejos
siento cada lágrima como una victoria.

VERDADES UNIVERSALES DE MI MADRE

1. Ya serás feliz.
2. La vida es muy larga.
3. Nunca me ha hecho falta trabajar.
4. La ortodoncia de tus dientes no es necesaria.
5. Saber inglés no es necesario,
   que aprendan ellos español.
6. Necesitar un abrigo nuevo es un capricho.
7. Saber conducir está sobrevalorado.
8. Os dejáis la vida por trabajar.
9. Te gusta que te exploten.
10. Controla tus sentimientos,
    eres una exagerada.

COSAS QUE ME DESHACEN

1. Decir adiós a mi gato de tan solo 6 meses
    y cargar con el trasportín vacío.
2. Vivir con ese abrazo que nunca existió.
3. Que a mi hermana le duela mi existencia.
4. Cargar con esta infancia infanticida.
5. Sentir el peso de esta mochila emocional.
6. Que mi familia no me valore,
    pero quiera enterarse de mi vida.
7. Sentir que no merezco ser feliz.

Espíritu en fuga

Soy quien no puede abrirse,
porque la delicadeza se abre paso en mi piel,
cerrándome la garganta.
Soy incapaz de disfrutar.

Soy la mujer gato

Semejante entre sus congéneres,
embriagada de su calma y tranquilidad,
casi olvido que nací entre tempestades.

SIN

Ignora el cariño que no te dieron,
solo existe lo que sucedió.
Desacertada en lo que debería ser el hogar,
extraña en la vida de alguien,
aprendí a querer demasiado tarde.
Sé lo que debo hacer y lo rehúyo.

SIN

ALMAS VENDADAS

¿Qué significa la venda?
¿Se puede vivir sin la venda?
La verdad,
sin el recuerdo del dolor,
ese moratón eterno,
nuestra cosmología íntima.

DEMASIADA BUENA MEMORIA

La culpa es mía,
porque recuerdo tener 8 años
y que me dijeras que no iba a llegar a nada,
que no tenía talento,
que era una inútil.
Tengo demasiada buena memoria, mamá

EL TIEMPO ES SUBJETIVO

Mi tiempo se mide en sentimientos,
se mide en colonizar espacios propios,
se mide en definiciones.
Mi tiempo es intimidad.

Enterrado

Enterramos todo
de lo que no podemos hacernos cargo,
lo que no puede ser real.
Y lo cierto es que te tengo enterrado
en lo más hondo de mí,
donde no te puedo oír,
donde no te puedo mirar.

LA CULPA

La culpa como control.
La culpa como educación.
La culpa se inocula en mi cuerpo,
yace en mis entrañas.
La culpa es designio de mis padres.
La culpa me acompaña.
Yo soy la culpa.

ESTO ES LO QUE MEREZCO

¿Qué es lo que merezco?
Como un pensamiento instintivo,
muy dentro de mí,
siento que merezco la enfermedad.

ESTÁS SOLA

Estás sola
cuando deciden ocultarte
que tu padre está en la UCI;
cuando tu madre quiere tener
control sobre tu cuerpo;
cuando abandonan a una gatita de dos meses;
cuando tu hermana te llama débil
por no saber dar un puñetazo;
cuando suprimes los recuerdos hostiles del colegio
Aun así, estás sola.

Sentimientos adultos,
sentimientos sin cadencia,
sentimientos a contraluz.
Quieres con la intensidad
con la que te han querido.

Ascensión,
un pensamiento,
la luz que arroja tener la posibilidad,
cómo buscar en el lugar equivocado
vivir la vida de alguien.

Paraísos de la memoria,
lugares de refugio del espíritu.
Mi refugio.
Hay pensamientos ignífugos,
recuerdos aterciopelados,
porque nada nunca nos pertenece,
tan solo el sentimiento.

¿Cuál es la esperanza de vida de un pensamiento?
Nace, muere y renace en nosotros.
Pero luego ¿a dónde va?

¿Por qué no existe un paraje
entre los recuerdos y los sueños?

Miro la delicadeza con la que miras y tocas,
la suavidad con la que acaricias,
todo el cariño que transmites,
y pienso si podré dar lo que nunca tuve.

Quiero refugiarme en tu pecho,
en ese particular recodo
donde la ansiedad no existe,
donde los miedos son vapor de agua,
donde reina la calma,
donde se cierne dulcemente el sueño.

Todo lo que se diluye en tus ojos
y yo lo veo.
Inhalo este miedo tan envolvente
a perdernos,
a no ser nuestros,
a no entendernos,
a no encontrarnos.

Con los sentimientos fracturados,
perennes de emoción.
No parecen desaparecer nunca.
Por mucho que los digiero,
no se diluyen,
caminan conmigo.

Acallaste la voz de las lágrimas
que no terminan.
Me diste un refugio,
incapaz de encontrar consuelo.
Me salvaste.
No podré olvidar esos ojos
que tango resguardo me dieron
en mi infantil recuerdo.
Recuerda que
quiero caminar siempre
bajo el cielo azul de tus ojos.

Crecer entre lobos hubiera sido más fácil.

Las hermanas no nacen, se hacen.

Se apega a mí como la piel
por ser la voz del cariño.
No perderte en el desánimo
ni en la bruma de la nostalgia,
rutina del pensamiento infeliz
que me mece y me cobija.

Sigo en aquella niña
que no entendía el mundo.
¿Por qué hay tantos libros
si no podré leerlos todos?
Sigo siendo esa niña.
Sigo teniendo lo inevitable:
esa inquietud,
ese latido,
esa indigesta de sentimientos.

Tuve que crear relaciones ficticias
para no caer,
para mantenerme en pie,
para no desmoronarme.
Tuve que creer que tenía hermana y madre.
Tuve que inventar que existían.
Tuve que crear sola,
convencerme
para no desvanecerme,
para no irme.

Y me quedé parada en este momento
en el que ya no estás.
Parada en el preciso momento
en el que ya te has ido,
como si nada hubiera existido,
llenándome de tu ausencia,
olvidando tus latidos.

Soy como un océano.
Me pierdo entre las aguas
y el desconocimiento de mis mareas.
Asustada de mis profundidades,
nunca estoy en calma.
Nado en la tranquilidad nerviosa
de mi mente.

Esto no es algo que se elija.
Latidos divididos.
Se nace con la profundidad
que te arrastra y te mece
con esta sensibilidad tan certera,
con estos desgarros
y esta ternura,
renuente e inevitable.

Te dicen lo que debes sentir
por un humano,
y lo que es correcto sentir
por un animal.
Juzgan tu amor para defender
la pirámide en cuya cúspide
está el hombre.

Vivo en el prisma de tus lunares,
donde el daño no existe.
Habito esa paz interior
que se vuelve lúgubre.
Podría tirar mis penas
y seguir sintiendo esa presencia
de quien vive entre los muertos
y los que se creen vivos.

Hay personas enredadera.
Sus pensamientos crecen como malas hierbas,
saturan tu mente,
son pura ficción.
Presumen de profundidad.
La superficie es su escenario.
La adulación es su nobel.
Son almas pesadas.

Cómo puedo desprenderme
de este sentimiento.
Cómo puedo desaprender
la aceleración de la vida intensa.
Aprender a vivir en el movimiento
con la calma que no dura.

Vertiginosamente crecí.
Asimilé el daño
que mi inocencia no abarcaba.
Olvidé pronto la delicadeza
de quien encuentra consuelo.
Tomé la ausencia como rutina,
como una sentencia.

Te fuiste durmiendo con papá.
Te evaporaste
para convertirte en pájaro.
Me dolía que saliera el sol,
porque ya no te acariciaba.
Ya no estabas debajo.
Ya te habías ido.

Lo que se olvida,
lo que ya no es más.

Será este mi pequeño mundo inconsistente
en el que late mi inestable presencia
de caminos quebradizos,
de ocasos,
de fragmentos.
Pequeños grandes furores
que condensan mi existencia.

Tengo miedo
de quien se refleja en el espejo.
Quiero recordar quién soy y tengo amnesia.
Soslayo cada piedra en el camino
con esa sobriedad de los que no sufren de angustia,
amante de lo atemporal
que nunca cesa.

Soy arrítmica.
No encuentro el tiempo.
Perdida en el ruido
de mis pensamientos,
he escapado al bienestar,
emancipando emociones,
viajando en la ausencia,
que atolondra los sentidos
y desorienta los pensamientos.

Puedo ver en la oscuridad
esa luminosidad y su cadencia,
la confusión intermitente
de quien nada posee
en esta incapacidad de abarcar y sostener,
en esta inconsistencia que llamamos vida,
y su memoria formando claroscuros.

Estás al otro lado de la mesa,
finjamos que hablamos de distancia.

A veces siento la asfixia de la calma
de esta luna que no termina,
de las luces que vibran en oscuridad,
esta alevosía.

Luego te miro y se me pasa.

El aroma a felicidad,
cuando soy capaz de abarcar
el sentimiento con palabras.

Y este temblor que provocan tus ojos,
que dibujan mis ganas.

¿Puedes arreglar lo que se rompe?
Me pierdo entre los límites.
Los extremos de mi vida me consumen.
Me dejé engañar con el sentimiento,
la intensidad que nubla la memoria.
Todo tiene solución, dicen,
y el corazón explota.

Prefiero reír en este mundo mío,
mío porque no me pertenece,
donde la tristeza se soslaya.

Algo se retuerce
en lo más íntimo de mí
cuando la costumbre
dicta cenar cabrito en Navidad.
Y tú, que sabes que amo a los animales
y soy vegetariana,
no olvidas decirme
que has encargado uno por Navidad.

Es difícil separar,
difícil distinguir quién eres
dentro de lo adquirido,
qué es lo propio
y qué es la herencia.

Lo que nos hace humanos,
las ganas siempre son insomnes.

¿Existe algo más aterrador
que comenzar a querer?
Conocer es intimidad.
Es dejar traspasar las fronteras,
vulnerabilidad en estado puro.

Espera pacientemente detrás de mí.
Tengo al fantasma de mi madre siguiendo mis pasos,
como una conciencia pendiente de ser erradicada,
como una mala hierba.
Paciente espera,
se asegura de mi fracaso.

Y bajo mi piel,
soy consciente de que todo,
todo me hace daño,
lo que tengo y lo que no.
Sé que vivo en un mundo equivocado,
pero no pierdo el aliento.

Pero también.
Pero también hubo tardes de nieve,
juegos en la cama,
vacaciones en la playa,
risas y momentos de infancia.

Lo que me puedo permitir:
pequeñas conversaciones por WhatsApp
con mis padres,
comer con ellos dos o tres veces al año,
sábanas por Navidad.
Este es mi presupuesto emocional.

Vivo con las cicatrices,
con el moratón de los recuerdos,
su intrínseca molestia adictiva.
Vivo sabiendo lo que no tuve,
lo que necesito crear.

Agradecimientos

A todos mis amigos, por ser mi familia elegida, mi constelación. En especial:

A mi marido, Jaime. No sé qué vio exactamente en mí, pero aquí sigue. Mi gran apoyo incondicional.

A Isabel Casado, por creer en esta aventura.

A María Menchaca, por estrellarse en mi camino, soportarme, inspirarme y quererme.

A María Cirac, por asesorarme y empujarme a hacer realidad este libro.

A Carolina, mi psicóloga. Sin ella esto no hubiera sido posible.

A Nietzsche y Herman Hesse, los mal llamados pesimistas. Me habéis salvado la vida, sois mi religión.

A Mika, mi compañera incondicional en la infancia.

Sobre la autora

Paula Vázquez Salinas (Zamora, 1988) es licenciada en Historia por la USAL. Actualmente trabaja como SEO experta en posicionamiento web en agencia en el mundo del Marketing Digital.

Inquieta y curiosa por naturaleza, le encantan los gatos, descubrir lugares nuevos, el cine, la literatura y la fotografía en todos sus formatos. Pero sobre todo la define su piel tan fina, esa sensibilidad que la conecta con la poesía desde que era muy joven. Comparte mis inquietudes en Instagram: @ensimisma.

Índice